초등 1학년을 위한 학교생활 길잡이

발견! 우리 학교 이곳저곳

이시즈 치히로 글 · 마마다 미네코 그림 · 김윤정 옮김

'학교'는 어떤 곳일까?
장난꾸러기 다이키
항상 궁금한 게 많은 키쿠코
친구들과 사이좋은 미나미
세 친구와 함께…… 출발!

다이키　　키쿠코　　미나미

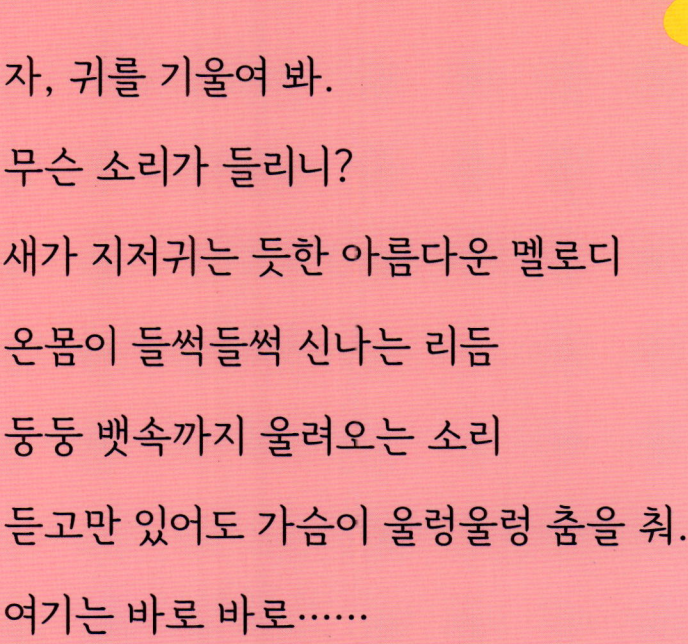

자, 귀를 기울여 봐.
무슨 소리가 들리니?
새가 지저귀는 듯한 아름다운 멜로디
온몸이 들썩들썩 신나는 리듬
둥둥 뱃속까지 울려오는 소리
듣고만 있어도 가슴이 울렁울렁 춤을 춰.
여기는 바로 바로……

음악실!

모두 어떤 악기를 연주하고 있을까?

? 우리가 악기를 연주할 때 너무 빨라지거나 느려지지 않게 도와주는 거예요. 이것은 무엇일까요?

착착 착착

마라카스

따라라란 따라라란

선생님, 피아노 연주가 매우 아름다워요!

피아느

똑딱 똑딱

메트로놈

? 피아노의 흰 건반과 검은 건반을 모두 더하면 몇 개일까요?

탬버린

다음은 어디로 가 볼까?

여기는 왠지 느낌이 서늘한데,
설마 도깨비 집은 아니겠지!
앗, 달가닥달가닥하는 소리가 났어.
이건 유리병끼리 부딪치는 소리야.
뚝뚝 하는 소리도 들려.
물방울이 떨어지는 소리 같은데.
그렇다면 여기는……

과학실!

과학 실험을 할 때에는 어떤 도구들을 쓸까?

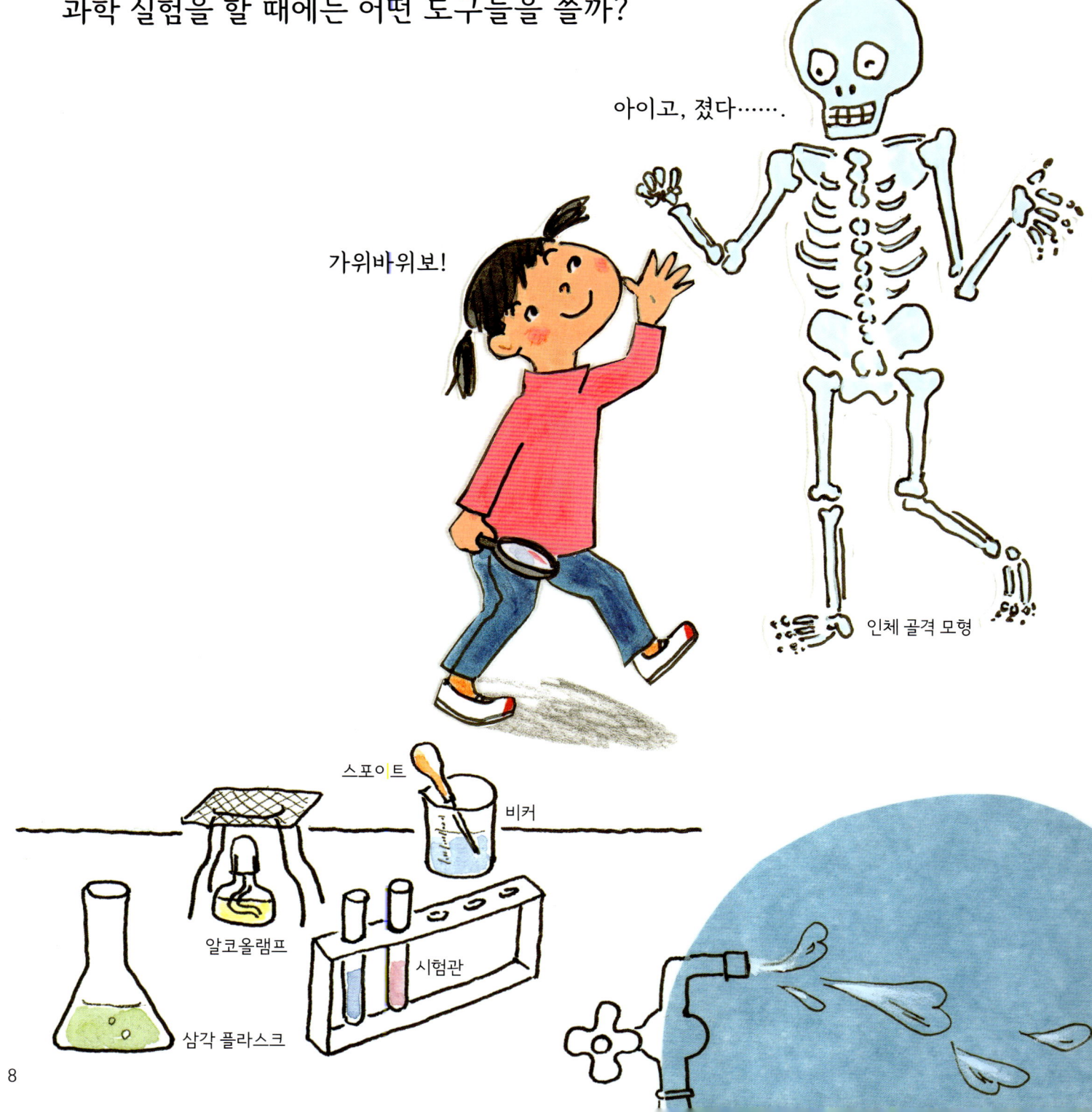

너희들,
산책 한번 하기
힘들겠다!

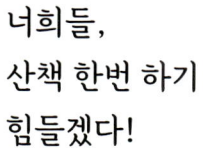

물고기가 물만
먹고 사는 건
아니지?

곤충 표본

? 우리는 무엇을 이용해서
숨을 쉴까요?

안경이랑
돋보기랑
비교하면?

? 돋보기로 보는 것과 현미경으로 보는 것
중에서 어느 쪽이 더 크게 보일까요?

현미경

여기는 아주 조용한 곳이야.
옛것과 새로운 것이 함께 있는 곳이지.
우리 주변의 이야기도 들려주고
먼 나라의 이야기도 들려줘.

듣다 보면 웃음을 터뜨리기도 하고
눈물을 쏟기도 해.
꽁꽁 숨어 있는 이야기를
찾아갈 때마다 두근두근 설레!
여기가 어디냐면……

도서실!

쉿, 다들 어떤 책을 고르는지 살펴볼까?

쟤는 맨날 탐정 책만 읽는다니까!

이 책 우리 집에도 있는데!

아빠 생신 때 이상한 케이크를 만들어 드렸대.

와, 엄청난 케이크다!

코를 톡 쏘는 냄새가 나.
이 냄새,
어디선가 맡아 본 적이 있어.
음…… 어디였더라?
아, 생각났다!
편찮으신 할아버지를
병문안하러 갔을 때,
병원에서 똑같은 냄새를 맡았어.
음, 여기는……

보건실!
우리의 건강을 위해서 어떤 도움을 줄까?

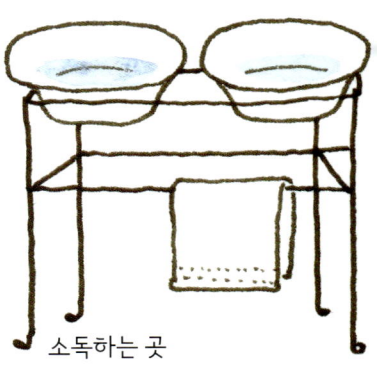
소독하는 곳

보건 선생님

붕대를 칭칭 감으면 미라?!
농담이야.

선생님,
이게 뭐예요?

붕대

핀셋

구급상자

치아
모형

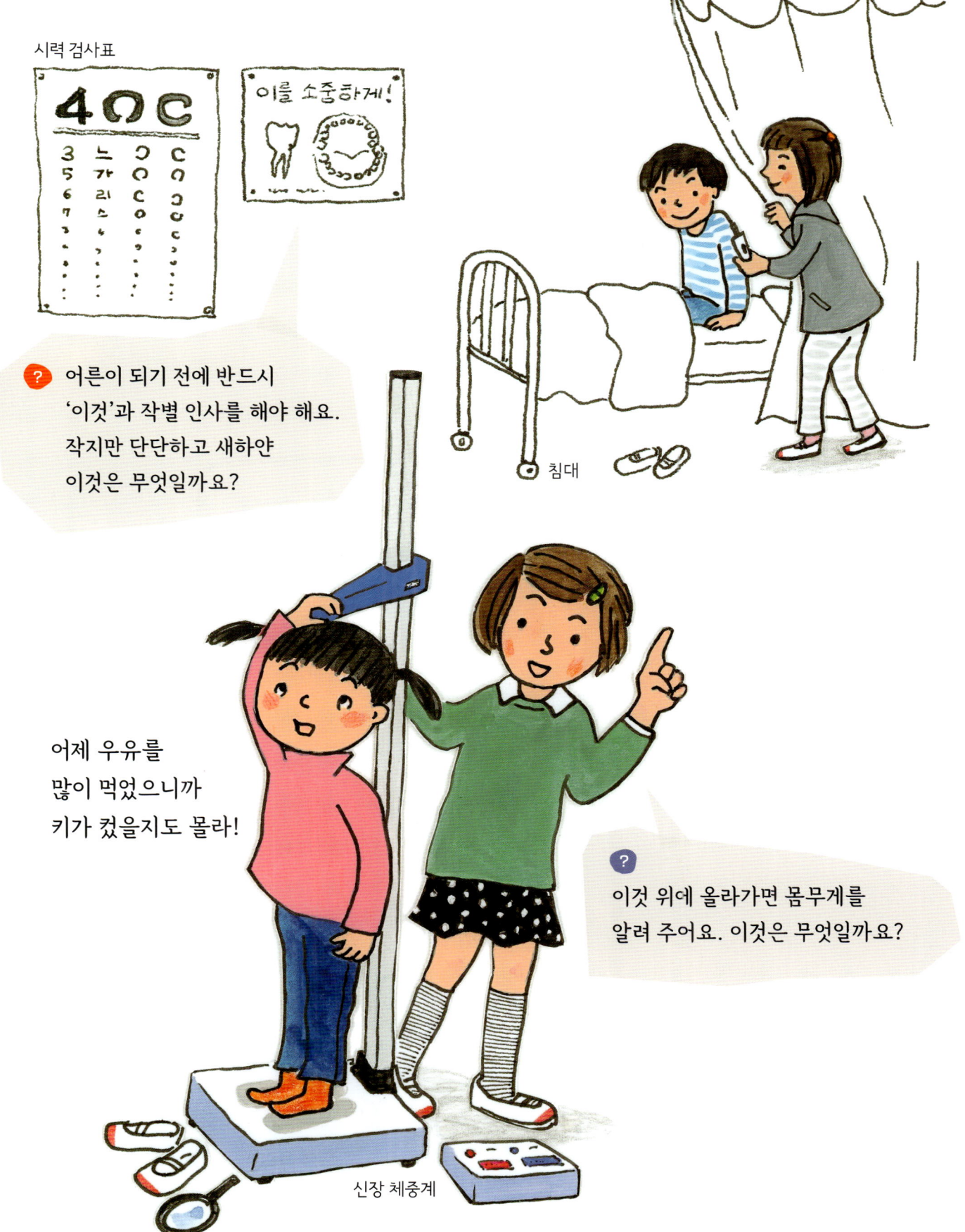

여기는 아이들 목소리보다
어른들 목소리가 더 많이 들리네.
아, 전화벨 소리가 난다.
컴퓨터랑 팩스 소리도 들려!
꼭 회사 같네.
도대체 여기는 어디야?

교무실!

선생님들은 무엇을 하고 있을까?

> ❓ 짧은 바늘과 긴 바늘이 계속 돌면서 '안녕하세요'와 '안녕히 계세요'를 반복하는 거예요. 이것은 무엇일까요?

시계

교장 선생님은 오늘도 멋쟁이!

교장 선생님

교장 선생님, 가장 좋아하는 말은 뭐예요?

가만있자……. '항상 즐겁고 바르게'라는 말이 좋더구나.

학꾜우 탐험이에요우?

오, 나 영어 하나도 못해요우~!

컴퓨터

악! 영어 시간에 우리말로 대답하게 해 줬으면 좋겠다.

달달 무슨 달
쟁반같이 둥근 달
어디어디 떴나
동산 위에 떴지……♪

좋아, 다음 시간에는 이 노래로 하자!

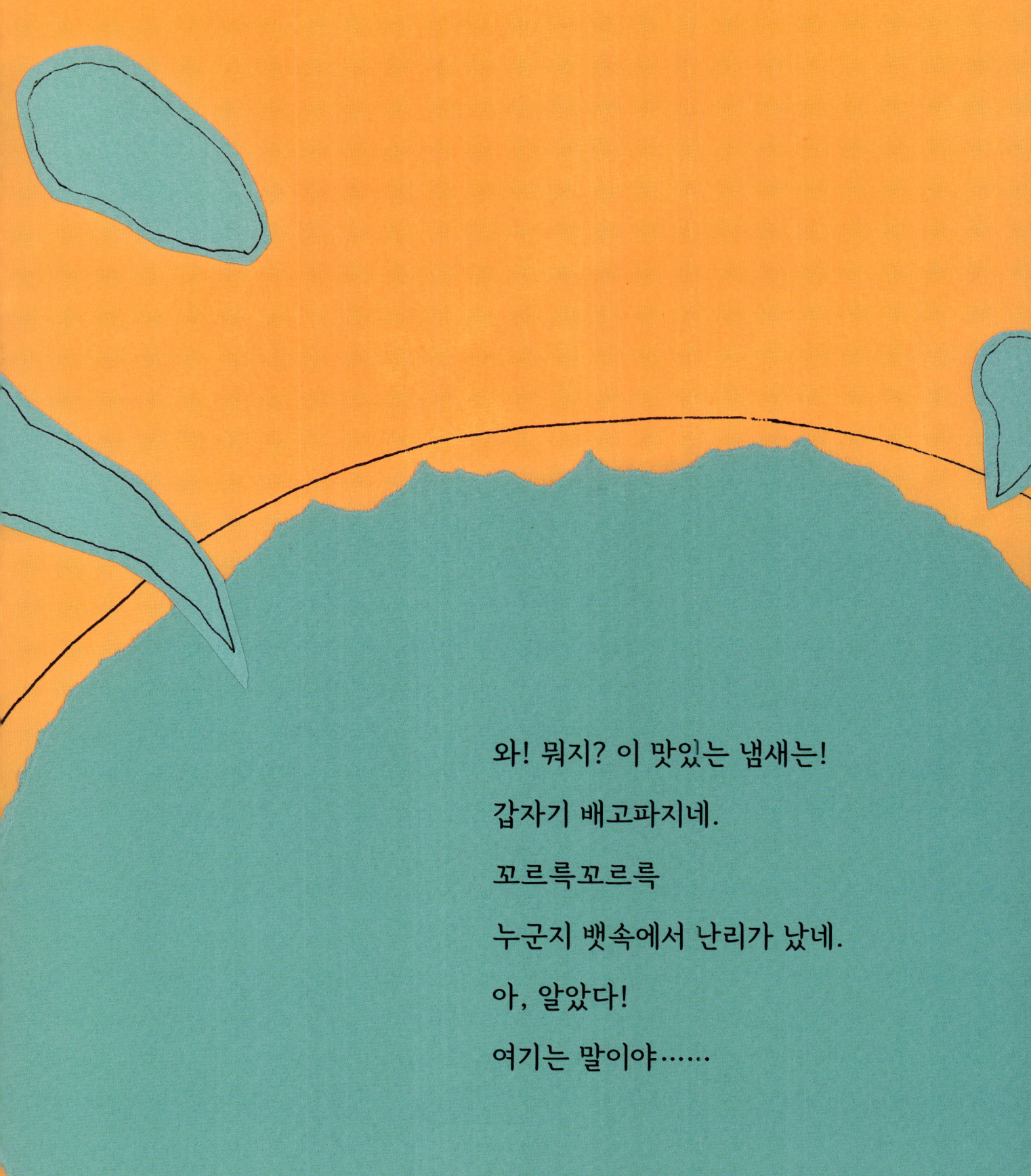

와! 뭐지? 이 맛있는 냄새는!
갑자기 배고파지네.
꼬르륵꼬르륵
누군지 뱃속에서 난리가 났네.
아, 알았다!
여기는 말이야……

급식실!
맛있는 음식들이 어떻게 만들어질까?

❓ 따뜻한 냄비의 뚜껑을 열면 안개처럼 모락모락 올라오는 것을 무엇이라고 할까요?

다들 급식 시간을 손꼽아 기다리겠지.

급식 당번
반찬
밥그릇
손수레

친구들 목소리다!
몹시 반가워서 나도 모르게
큰 소리로 외쳤어.
"다녀왔습니다!"
여기는 말이야,
내가 아주아주 좋아하는……

우리가 발견했어요!

발견!

음악실 칠판에는 줄이 그어져 있어.

있잖아요, 또 가고 싶어요.

나도 발견!

우리 선생님 책상도 찾았어.

히히!

송사리가 있었어. 진짜 귀여웠어.

나 오늘!

큰 소리로 인사했더니 칭찬 받았어.

몰랐지?

양호 선생님은 정말 친절해. 양호실에 침대가 세 개나 있더라.

● 정답!
음악실(4쪽) — ❓ 메트로놈 ❓ 88개
과학실(9쪽) — ❓ 아가미 ❓ 현미경
도서실(13쪽) — ❓ 사전 ❓ 수수께끼
보건실(17쪽) — ❓ 젖니 ❓ 체중계
교무실(20쪽) — ❓ 시계
급식실(24·25쪽) — ❓ 김 ❓ 카레
1학년 1반(28쪽) — ❓ 의자

와, 정말 재미있었어!
또 어디로 갈까?

글쓴이 이시즈 치히로

일본 에히메 현에서 태어났습니다. 와세다 대학교 문학부 불문학과를 졸업한 뒤에, 그림책 작가, 번역가, 시인으로 활동하고 있습니다. 그림책《수수께끼 여행》으로 볼로냐 아동도서전에서 그림책상을 받았고,《내일 우리 집에 고양이가 온다》로 일본그림책상을 받았습니다. 그밖에도《말놀이 동물원》《채소가 쵝오야!》《과일이 최고야!》 등 많은 그림책에 재미있는 글을 썼습니다.

그린이 마마다 미네코

일본 도쿄에서 태어났습니다. 디자인 회사를 다니다가 수제그림책대회에 참가한 것을 시작으로 그림책과 인연을 맺었습니다. 그림책에 그림도 그리고, 조형물을 만들어 전시회에도 참여하면서 활발하게 활동하고 있습니다. 그린 책으로는《치약 싫어해?》《부부의 여름》《나는 아미》《발견, 마을 이곳저곳》 등이 있습니다.

옮긴이 김윤정

대학에서 일어일문학을 전공한 후, 출판사에서 어린이책 만드는 일을 했습니다. 지금은 일본에서 출간되는 좋은 어린이책을 우리나라에 소개하며 우리말로 옮기는 일을 하고 있습니다.

초등 1학년을 위한 학교생활 길잡이

발견! 우리 학교 이곳저곳

초판 1쇄 2013년 4월 10일 | 초판 6쇄 2023년 3월 27일

글 이시즈 치히로 | 그림 마마다 미네코 | 옮김 김윤정
책임 편집 고양이 | 마케팅 강백산, 강지연 | 디자인 윤현이
펴낸이 이재일 | 펴낸곳 토토북 04034 서울시 마포구 양화로11길 18, 3층(서교동, 원오빌딩)
전화 02-332-6255 팩스 02-332-6286 | 홈페이지 www.totobook.com 전자우편 totobooks@hanmail.net
출판등록 2002년 5월 30일 제10-2394호 | ISBN 978-89-6496-126-1 77830

HAKKEN! GAKKO NO A!
written by Chihiro Ishizu, illustrated by Mineko Mamada
Text Copyright ⓒ Chihiro Ishizu, 2012 Illustration Copyright ⓒ Mineko Mamada
Korean Translation Copyright ⓒ 2013 TOTOBOOK Publishing Co.
All rights reserved. Original Japanese edition published by Dainippon tosho Co., Ltd.
This Korean language edition published by arrangement with Dainippon tosho Co., Ltd., Tokyo
in care of Tuttle-Mori Agency, Inc., Tokyo through Eric Yang Agency Inc., Seoul.

이 책의 한국어판 저작권은 에릭양 에이전시를 통해 저작권자와 독점 계약한 토토북에 있습니다.
저작권법에 의해 보호를 받는 저작물이므로 무단 전재 및 무단 복제를 금합니다.
잘못된 책은 바꾸어 드립니다.

	제품명: 발견! 우리 학교 이곳저곳	제조자명: 토토북	제조국명: 대한민국	전화: 02-332-6255
KC	주소: 서울시 마포구 양화로11길 18, 3층(서교동, 원오빌딩)		제조일: 2023년 3월 27일	사용연령: 7세 이상
	*KC 인증 유형: 공급자 적합성 확인	*KC마크는 이 제품이 공통안전기준에 적합하였음을 의미합니다.		

⚠ 주의 책의 모서리에 다치지 않게 주의하세요.